Die Poesie von Simon Yussuf Assaf

bezieht aus Redlichkeit und Ehrlichkeit
einen Hinterglasglanz,
ein kirchenfensterartiges Leuchten.

Aus: Michael Kleeberg, *Das Tier, das weint.*

SIMON YUSSUF ASSAF

MELODIEN des LEBENS

Aus dem Arabischen
übertragen von
Ursula Assaf-Nowak

echter

Für Bernhard Freudenberger

Die Übertragung dieser arabischen Texte ins Deutsche entstand im Sommer 2009 im EUK dank eines Stipendiums der Kunststiftung NRW. Beiden Institutionen sind wir dankbar für ihre Unterstützung.

مواكب الطبيعة

Reigen der Natur

Orient

Heiter sind die Tage des Orients
und seine Nächte träumerisch.
Die Wolken und der Zephir
umtanzen die lebenspendende Sonne.

Der Berge Häupter
sind mit Schnee gekrönt,
und das Meer wiegt ihre Abhänge,
in den Nächten rauschen seine Wasser sanft
und spiegeln den Mond und die Sterne.

Die Ebenen des Orients bergen
die Reichtümer der Natur,
die Weinberge tragen goldene Frucht,
und das Leben ist heiter und friedlich.

Unsere Erde ist eine austeilende Mutter.
Hier stand die Wiege des Alphabets,
und hier ist der Hafen, aus dem das erste Schiff
aufs hohe Meer sich wagte.

Von den Gipfeln der Berge
fließt das Licht
in die fruchtbaren Täler,
in den Mund jeder Blume
und in die Herzen seiner Bewohner.

Es ergießt sich
in das Gezwitscher der Vögel,
in die Gebete der Frommen,
in die Moscheen und Kirchen,
die Tempel und Synagogen.

Hier wurzelt die Geschichte,
verwoben mit tausend Legenden,
und alle Legenden führen zu Gott.

Heimat

Fern von meiner Heimat
umgab mich finstere Nacht.
Die Schatten des Todes
klopften an meine Tür
und bedrohten mein Leben.

Krank kehrte ich zurück
in den Schoß meiner Kindheit.
Ich betrat das verlassene Haus,
das meine Vorfahren
seit Generationen bewohnten.

Ich floh in den Schatten der Zeder,
träumte unter Maulbeerbäumen,
unter grünen Dächern
aus Granatäpfeln und Feigen
und atmete den Duft des Jasmin.

In den Armen der Natur
erholte ich mich.
Meine Gedanken
verweilten in der Vergangenheit,
und Erinnerung verknüpfte sich mit Gegenwart.

Mein Herz trank
aus den Quellen der Kindheit,
und meine Seele vereinte sich
mit ihren Wurzeln.

Ich fand die Ruhe wieder
in der Geborgenheit des Tales
und den Lebensmut
auf den Gipfeln der Berge.

Die Mandelbäume
trugen ihr Brautkleid,
Zitronenblüten und wilde Rosen
verströmten betörenden Duft.

Im Zedernhain umhüllte mich Schweigen,
auf den silbernen Blättern des Ölbaums
spielte der Wind
wie auf den Saiten von Gitarren.

Die Quellen im Walde
erzählten Legenden,
und die Brise der Lüfte
flüsterte Liebesverse.

Die Lerchen zwitscherten,
und die Nachtigall sang ihr Lied.
Die Wellen stimmten ein
in den Choral der Natur.

Meine Mutter ist die Erde,
zu ihr kehrte ich zurück,
als ich lebensmüde war.
Sie heilte meinen Körper
und labte meine Seele.

Die Quellen der Erde versiegen nie.
Sie stillen den Durst eines jeden,
der zu ihr kommt.
Nutze dankbar ihre Gaben, ohne sie zu zerstören.
Dann bist du würdig, eins ihrer Kinder zu sein.

Wiege der Astarte

Am Morgen meines Lebens
ließ ich mich an deinen Ufern nieder,
Nachbarin der Kindheit,
und leistete dir Gesellschaft.
Die Kaskaden deiner Wasser
bannten meine Blicke,
füllten meine Träume
und nährten meine Phantasie;
sie löschten das Feuer
meiner Sehnsucht.

Bei Sonnenaufgang
eilte ich an deine Ufer,
ebenso wie bei Sonnenuntergang.
Du lehrtest mich
das Schweigen und das Staunen.
Bei dir entdeckte ich,
was die Menschen im Lauf der Zeit
verloren haben,
als sie erwachsen und vernünftig wurden.

Ich sah die Sonne
die Berge umfangen
und den Morgenwind
die Gipfel liebkosen;
die Quellen flüsterten mit der Erde,
und der blutrote Mond spiegelte sich
in den Wassern des Flusses,
als stürbe Adonis aufs Neue
an seinen blutenden Wunden
im Tale der Tränen
und als bewohntest du
noch immer dein Tal,
Mutter der Legenden,
Astarte.

Wann immer ich konnte,
suchte ich deine Ufer auf,
Nachbarin meiner Kindheit,
und du schenktest mir
deine Gastfreundschaft.

Die Tage wurden mir zu Hymnen,
die Nächte zu Offenbarungen,
du erfülltest mein Herz
mit Heiterkeit,
du senktest in mein Inneres
die Flamme des Glaubens
und beschenktest mich
mit aller Liebe und Poesie,
deren ich bedurfte.

Nachbarin meiner Kindheit,
Tal meiner Träume,
dich will ich besingen
und deiner gedenken
im Auf und Ab des Lebens,
du sollst das Thema
meiner Lieder bleiben.

Sie laden die Menschen ein,
zur Sonne aufzubrechen
und das Leben zu verteidigen
auf der Erde, in der Natur,
unter den Geschöpfen
und in den Herzen
der Menschen.

Reigen der Natur

Ich habe teilgenommen
am Reigen der Natur.
Im Winter sah ich sie weinen,
und ich weinte mit ihr.
Im Frühling sah ich sie tanzen,
und ich drehte mich mit ihr
im Tanze.

Im Sommer sah ich sie träumen
von ihrer Jugend
und träumte mit ihr.
Im Herbst sah ich sie
in der Fülle ihrer Reife
den Verfall erahnen
und litt mit ihr.

Gibt es jemanden,
der mit mir weint,
der meine Freude
zu seiner eigenen macht,
der meine Träume träumt
und meine Leiden teilt?

Ich hielt Nachtwache
mit dem Mond
und flüsterte mit den Sternen.
Ich lauschte dem Rauschen
der Quellen auf ihrer Reise.

Gibt es jemanden,
der mit mir die Nacht durchwacht,
der mit mir Zwiesprache hält,
der meinen Gesängen lauscht
und bei mir ausharrt
in meinen langen Tagen?

Ich nahm Zuflucht
zu den Wäldern
und bewunderte sie
in jeder Jahreszeit,
im weißen, grünen
oder bunten Gewand.
Und ich besang ihre Pracht,
wenn ich mich entfernte.

Gibt es jemanden,
der mir beisteht
im Wechsel meines Lebens,
der mich nicht verlässt,
wenn mein voller Mond
sich dem Untergang nähert?

Ich ermaß die Größe des Meeres,
als ich auf hohe See ging,
und ich ahnte die Weite des Himmels,
als ich die Lüfte durchmaß.

Gibt es jemanden, der ahnt,
bis wohin meine Ufer reichen
und wie weit
sich meine Horizonte erstrecken?

Ich habe die Dämmerung durchwacht
und das Morgenrot erwartet.
Gibt es eine Dämmerung,
die meiner Nacht folgt
und dem Morgenrot Platz macht?

Jahreszeiten

Der Frühling kehrt wieder
mit seinem Grün,
der Sommer mit seinen Blüten,
der Herbst kommt wieder
mit Früchten und Farben
und der Winter
mit finsterer Miene.

Jede Jahreszeit kehrt wieder,
ohne zu säumen,
sie zeigt sich,
wie man sie kannte,
und bleibt
ihre vorgeschriebene Zeit.

Nicht so mein Frühling
und mein Sommer,
mein Herbst und Winter;
sie kehren wieder,
ohne sich zu gleichen.

Jeder Frühling treibt
andere Blüten;
jeder Herbst
bringt andere Früchte.

Und im Winter
meines Lebens
lasten die Jahre schwer
auf meinen Schultern.

Die Menschen freuen sich
auf die Rückkehr
der Jahreszeiten
und erwarten
ihre Geschenke.
Blüten und Duft,
Früchte und
Winterschlaf.

Doch sie versäumen es,
im Buch der Natur
zu lesen;
sie fürchten den Winter
ihres Lebens,
die Rückkehr zur Erde.

Vom Reigen der Natur
lernten sie nicht,
dass es keinen Untergang gibt
ohne Aufgang
und dass der Mensch
– in die Erde gesät –
einem neuen Frühling
entgegengeht.

Am Fuße des Hügels

Am Fuße des Hügels,
im fruchtbaren Tal,
werde ich ein Haus bauen
für meine Seele.
Seine Steine behaue ich
mit eigener Hand,
und ihr Holz hole ich
aus den Wäldern des Lichtes.

Mein Haus hat einen Raum
für meine Seele,
in den sie sich zurückzieht,
wenn die Wogen der Menschen
gegen sie fluten
und ihre Anhänglichkeit
sie umgarnt.

Von meinem Hause aus
werde ich den Morgenstern
und den Abendstern sehen,
und sie werden mir
den Weg weisen.

O Erde

Wie groß ist deine Fürsorge, o Erde!
Und wie schön ist dein Angesicht!

Deine duftenden Gärten erquicken den Geist,
deine Wälder erzählen tausend Geschichten.

Die Blüten und Früchte deiner Gefilde
nähren Seele und Leib.

Deine Meere stillen unser Fernweh,
und deine Wüsten führen uns zu uns selbst.

Deine Gipfel lenken unsere Blicke empor,
und deiner Täler Duft entspannt unsere Sinne.

Deine Gestirne erhellen unsere Dunkelheit
und weisen über dich hinaus.

Du bist eine Bühne für den Wind,
ein Spielplatz für die Quellen.

Du bist eine gütige Mutter, o Erde,
und wir sind deine Kinder.

Erde meiner Träume

Ich liebe sie.
Frag nicht, warum!
Ich bin stolz auf sie.
Mach es mir nicht zum Vorwurf!

Ich liebe sie –
meine Heimat,
und fern von ihr
finde ich keine Ruhe.

Seit dem ersten Blick
liebe ich sie,
und solange ich lebe,
werde ich sie lieben.

Schneegekrönt
sind ihrer Berge Häupter
und die Wellen des Meeres
benetzen ihre Füße.

Ihre Fläche ist begrenzt,
doch grenzenlos
ist die Gastfreundschaft
ihrer Menschen.

Sie ist die Wiege des Alphabets;
auf ihrer Erde begegnen sich
Orient und Okzident,
Kreuz und Halbmond.

Die Menschen, die sie bewohnten,
schrieben ihre Geschichte
an die Wände ihrer Felsen,
sie bepflanzten ihre Abhänge mit Zedern.
Sie verteidigten ihre Erde
vor Dschingis Khans Horden,
vor Feuer und Schwert,
vor Kreuzrittern und Kolonialherren.

Fragst du mich noch,
warum ich sie liebe
und mich in der Ferne
nach ihr sehne?

Lieber als ein Schloss
auf ferner Erde
ist mir eine Hütte
in ihrem Paradies.

Mein Nachbar

Unergründlich ist sein Schweigen
bei Tag und bei Nacht,
sein Alter übertrifft das meine bei weitem.

Er steht auf seinem Platz
und füllt die Welt,
die ihm zu klein wird.

Ein Bach plätschert vorbei
und vertreibt ihm die Zeit
mit seinen Geschichten.

Seine Blätter flüstern
mit der Brise und dem Sturm
und besingen die Schöpfung.

Ihr Lied begleitet die Menschen
durch ihre Kindheit,
durch Jugend und Alter.

Vögel und Menschen rasten bei ihm
und laben sich
an seinen Früchten.

Unter seinen Zweigen
suchen Nachbarn und Fremde
Schutz vor der Sonne.

Liebenden bietet er
ein Dach an
und seine Verschwiegenheit.

Früchte und Feuer sind seine Gaben
an die Menschen,
Beständigkeit seine Lehre.

Genährt von der Erde,
wächst er in den Himmel
als Zeichen der Hoffnung.

Mein Gärtlein

Mein Gärtlein in seinem tiefen Schweigen
ist beredter als ein zungenfertiger Redner,
ein wortgewaltiger Prediger
oder ein ausdrucksstarker Dichter.

Mein Gärtlein in seiner heiteren Ruhe
offenbart mir eine verborgene Weisheit,
vermittelt mir ein sicheres Wissen
und beflügelt meine Seele.

Meine Schritte führten mich zu ihm hin,
und so fand ich es
jeden Morgen in anderen Farben,
jeden Mittag in sonnigerem Licht
und jeden Abend erquickender
und geheimnisvoller.

Ich bin in seine Pfade getreten,
auf seinen Wegen gegangen
und seinen Windungen gefolgt,
es erleichterte mir die Last des Lebens,
besänftigte das Heimweh
und den Schmerz der Einsamkeit.

Mein Gärtlein ist überreich
an Farben und Pflanzen.
Es hat ein weites Herz für alle,
offene Arme für jeden Besucher
und ein gutes Wort für jeden,
der seine Sprache versteht.

Mein Gärtlein fand ich,
als ich nach Schönheit suchte
und meine Hand ausstreckte
nach erfrischendem Quell,
um mein Herz zu laben
am kühlen Wasser.

Es gefiel mir
und ich kehrte zu ihm zurück.
Ich lauschte seinen Melodien
und betrachtete seine Blumen,
und es vermittelte mir
seine heitere Ruhe.

Durch die Mauern und Gitter
dringt die Abendsonne,
und der aufgehende Mond
kündigt die Nacht an.

Mein Gärtlein ist ein Ort
des Suchens und des Begegnens,
ein guter Boden zum Säen und Ernten,
eine Erzählung seines Schöpfers.

Mein Gärtlein ist kein
gewöhnlicher Garten,
sondern von eigener Art.
Es erwartet seinen Frühling,
der sich schon am Horizont ankündigt.

Ich habe beschrieben,
was das Auge entdeckt;
sein Inneres ist unbeschreibbar.
Jeder Mensch entdeckt in dem,
der ihm gleicht,
das Tiefste und Wesentlichste.
Er findet sich in dem, den er liebt;
er entdeckt sich selbst
in der Entdeckung des anderen.

Mein Meister

Im Tal der Legenden
ließ ich mich nieder
am Ufer des Flusses
und lauschte seinen Wassern.

Rastlos fließt er,
sich ständig erneuernd,
vom Gebirgsquell
zur Mündung.

Ohne Erinnerung an das Gestern,
ohne Vorstellung vom Morgen
fließt er ins Meer.
Er kennt nur das Heute und das Jetzt.

In der Symphonie des Wassers
erahne ich das Geheimnis des Lebens.
Ich vernehme die Stimme der Ewigkeit
im Rauschen des Flusses.

Er lädt uns ein,
unermüdlich weiterzugehen.
Und sein Verströmen ins Meer
lehrt uns Gelassenheit.

Darum wählte ich den Fluss
zu meinem Meister.

Meine Barke

Meine Barke treibt
im Herzen des Sturmes,
im Sturm der Gefühle.
Sie ist ein Spielball
des Windes und der Liebe.

Vielleicht wird meine Barke
den Hafen erreichen.
Mein Hafen ist da,
wo die Liebe wohnt,
auch wenn ihr Sturm
mein Boot in Gefahr bringt.

Mein Hafen ist da,
wo ich vor Anker gehe.
Mein Hafen ist nicht mehr weit.
Schon zeigt sich mir
das Licht des Leuchtturms,
und die Liebe erwartet mich.

Wellen

Wiegt euch, ihr Wellen,
überlasst euch
euren Träumen,
während der Himmel sich
in euren Wassern spiegelt
und der Wind
auf euren Saiten spielt.

Seit Jahrtausenden singt ihr
wechselnden Völkern
euer ewiges Lied.
Mit euren Hymnen wecktet ihr sie
aus ihrem Schlaf,
und eure Wiegenlieder
begleiteten sie zur Ruhe.

Ihr ludet die Phönizier ein,
sich auf hohe See zu wagen.
Ihre Schiffe berührten
die Grenzen der Welt
von gestern
und steuerten
neue Horizonte an.

Mit der Gefahr spielend,
angelockt vom Unbekannten,
forderten sie das Wagnis heraus
und entdeckten die Länder von morgen.
Purpur brachten sie an ferne Gestade,
und mit seltenen Gütern beladen
kehrten ihre Schiffe heim.

Der Handel blühte
an den Küsten Phöniziens,
ihre Städte wurden wohlhabend
und ihre Bewohner welterfahren.
So begann die Geschichte
des völkerverbindenden Verkehrs.

Eure Küsten wurden
zum Ort der Begegnung
und das Meer zur Bühne,
auf der die Völker
die Früchte
ihres Fleißes tauschten.

Aus euren Wassern
schöpften die Griechen ihre Kunst,
die Römer ihren Mut
und Byzanz
seine goldene Pracht.

Ihr füllt die Tage
mit Liedern
und die Nächte
mit Träumen.
Das Echo eurer Lieder
klingt fort
bis an ferne Horizonte.

→

Mein Lied gleicht
dem Lied der Wellen.
Meine Hoffnung reicht
so weit wie der Wind,
und mein Streben
überschreitet die Grenzen
zu neuen Horizonten.

Meine Zuversicht wächst
wie jede Kreatur,
meine Freude neigt sich nicht
mit dem Tag
und geht nicht unter
mit der Sonne.

Denn ich weiß,
dass ihr Untergang
im Westen
die Ankündigung ist
für ihren Aufgang
im Osten.

Sommerähren

Im Sommer begleitete ich
meinen Bruder aufs Feld.
Ich sah die Bauern
das Getreide einsammeln;
sie schnitten es beim Gesang
der Hirten und der Sicheln.

Die Ähren kennen
weder Angst noch Trauer,
golden leuchten sie unter der Sonne,
ihre Köpfe sind geneigt,
ihre Blicke gesenkt.

Sie kosen die Erde, ihre Wiege,
sie preisen den Himmel, ihre Krone,
sie erdulden die Kälte des Winters
und die Sonne des Hochsommers.

So reift in ihnen das Leben
in guten und in schlechten Tagen,
unter Wind und Wärme,
unter den Händen der Menschen.
Ihr Los ist es,
für andere zu leben
und für andere zu sterben.

→

Sie betreten die Mühle
und verlassen sie,
zu Mehl verwandelt.
Sie kommen in den Feuerofen
und verlassen ihn,
verwandelt zu Brot.

Sie werden Nahrung der Hungernden
und die Freude ihrer Feste.
Es drängt sie nicht
zu den Gelagen der Großen.
Für sie ist groß,
wer den Menschen dient.

Herbst

Ich liebe die gelben Blätter,
die tanzend von den Bäumen fallen,
die sich lösen von den Zweigen,
die sie nährten in der Blüte ihres Lebens.

Ich liebe die Spaziergänge
durch den herbstlichen Wald
auf bunten Blätterteppichen.

Diese Zeit lehrt uns,
dass die Blüte des Lebens welkt
und der Rausch der Jugend vergeht.
Doch nur um Platz zu machen
für einen neuen Frühling.

Diese Nacht

Diese Nacht bezaubert mich!
Sie ist gebadet im Mondlicht,
sie ist geheimnisvoll.
Sie weckt in mir die Freude,
macht mich trunken
und überwältigt mich
durch ihre feierliche Stille.
Ihr Haupt ist geschmückt
vom Sternenhimmel.
Ich bin erfüllt
von ihrem Geheimnis
und verharre, gebannt
von ihrer Botschaft.

Wie herrlich
der Zug des Mondes und der Sterne,
das Konzert des Waldes,
die große Melodie des Schweigens.
Alles ist angerührt in dieser Nacht
von der Allgegenwart des höchsten Seins.
Das Auge schaut, die Hand fühlt,
der Verstand liest, die Klugheit erkennt,
und die Seele betet in Ergriffenheit.

Besuch des Mondes

Als die Sonne unterging,
besuchte mich der Mond.
Ohne sich anzukündigen,
klopfte er an meine Tür
und betrat meine Hütte
am Fuße des Hügels.

Er schenkte mir ein kostbares Gewand
und füllte meine Hütte mit Glanz;
er verklärte die Erde der Legenden
und tauchte das Meer
in silbernes Licht.

Bei unserer Unterhaltung
wurde mein Herz weit.
Seine himmlische Gegenwart
beflügelte meine Seele
und öffnete mir neue Horizonte.

Zu seiner Ehre
verbrannte ich Weihrauch,
ich bewirtete ihn
mit dem Honig der Täler
und dem Wein des Rebstocks.

Beim Abschied versprach er,
bald wiederzukommen.
Als er unterging hinter den Bergen,
verfinsterte sich der Himmel
und der Wasserfall vergoss Tränen.

Nacht

36 O Nacht, mach mich zu deinem Dichter!
Lehre mich, die Quellen des Lebens
in meinem Herzen zu finden
und heitere Ruhe
in meinem Leben!
Lass die Träume mir
– Gestirnen gleich –
die Finsternis erhellen!
Lass meine Worte wahr sein
und meine Gedanken
Frieden stiften!

Dein Geheimnis lehre mich
das Staunen,
und dein Schweigen
sei die Quelle
meiner Sprache!
Deine Gegenwart
lehre mich das Leben!

Mach mich, o Nacht, zu deinem Dichter!
Denn meine Augen sehen sich nicht satt
an deiner Schönheit,
meine Ohren werden nicht müde,
deinen Hymnen zu lauschen,
und meine Lippen hören nicht auf,
dein Geheimnis zu preisen.

ما أجمل الأحلام سوى
في ممالك الهوى

Traum bist du, Traum bin ich.
Wie schön zu träumen
im Reich der Liebe

Die Liebe genügt

Ich sehne mich nach dir
wie die Erde nach dem Regen,
wie die Biene nach den Blüten,
wie die Blätter nach der Brise.

Als die Sonne sich neigte,
sandte ich dir meinen Boten.
Du glaubtest, der Nordwind
klopfe an deine Tür.

Meine Liebe bestürmte dich,
aber du verschlossest dich
meinem Werben
und flohest vor mir übers Meer.

Doch die Liebe ist größer
als das Meer
und weiter als die Wüste,
niemand entrinnt ihrer Macht.

Wer sie einlässt,
dem öffnen sich
blühende Gärten
und weite Horizonte.

Nichts sättigt unser Herz
und stillt unsere Sehnsucht
außer der Liebe.
Sie allein genügt.

Die Liebe heilt

Die Liebe ward euch gegeben,
um das Sein mit Leben zu füllen.
Ihretwegen erhaltet ihr Leben
und verschenkt Leben.
Ohne sie findet ihr auf Erden
weder Ruhe noch Klang,
weder Farbe noch Gesang.

Die Liebe heilt
Schwermut und Trauer,
Kummer und Einsamkeit.
Sie sättigt unseren Hunger
und stillt unseren Durst.
Je weiter ihr ihren Pfaden folgt,
umso reicher sprudeln ihre Quellen,
umso lieblicher werden ihre Wege.

Die Liebe ist Licht,
und ihr seid seine Strahlen.
Öffnet ihr die Tore eures Herzens,
und sie wird euer Inneres überfluten.
Sie macht euch zu Fackeln und Kerzen
und lässt euch Licht und Wärme spenden.

Die Liebe eint euch
und trennt euch nicht,
sie stärkt euch
und schwächt euch nicht,
sie sammelt euch
und zerstreut euch nicht,
sie schützt euch
und verlässt euch nicht.

Doch wehe, wenn ihr von ihr sprecht,
bevor sie euch durchdrungen und geprägt hat,
bevor ihre Wellen euch hinabgezogen
und ihre Feuer euch verbrannt haben.

Bevor ihr sie verkündet,
taucht unter in ihren Wellen,
labt euch an ihren Wassern
und atmet ihren Duft ein.

Ihr werdet eure Masken ablegen
und zu eurer Natur zurückkehren.
Ihr werdet Töchter und Söhne
dieser Erde werden.

Sie wird euch wiedergebären
und euch nähren
mit den verborgenen Kräften
von Brot und Wein.

Dein Freund

Der wahre Freund erweist sich als treu,
er begleitet dich durch die Jahreszeiten des Lebens.
Ein Dach ist er in der Kälte des Winters
und Schutz in der Hitze des Sommers.
Er verwandelt deine Tage in ein Lied
und bekleidet dich mit dem Frühling.

Dein Freund ist für dich eine Burg,
wenn der Sturm sich erhebt.
Er ist ein Hafen, wenn die Wellen wogen,
und ein Schild, wenn dir Gefahr droht.
Im Nebel geht er dir voran,
und in der Nacht ist er dir ein heller Stern.

Dein Freund steht dir bei,
wenn dein Fuß strauchelt.
Er ist an deiner Seite,
wenn dein Augenlicht erlischt.
Dein Bild verblasst nicht
in seiner Erinnerung.

Dein Bild

Ich habe dich gerufen,
bevor mein Mund
Worte bilden konnte
und meine Sprache sie formte.

Ich habe von dir geträumt,
bevor ich imstande war,
Bilder wahrzunehmen,
bevor meine Augen
Licht von Finsternis unterschieden.

Ich habe dich besungen
in meinen Liedern,
bevor ich dir begegnete.
Mein Herz hielt
Ausschau nach dir,
bevor ich dich traf.

Dein Bild prägte sich mir ein
und begleitete mich
auf allen Wegen;
da war Frühling um mich
und blühendes Leben.

Die Welt wurde zur Oase
voller Quellen und Duft,
erfüllt von unseren Liedern
unter dem Licht des Mondes.

→

All dies lehrte mich
die Stunde der Trennung,
als es Winter wurde
in meinem Herzen
und Finsternis mich umgab.

Fern von dir
sind meine Tage Wüsten
und niemand findet sich,
der mit mir die Schöpfung besingt.

Hand in Hand

Gefährte des Lebens,
lass uns zusammen
unsere Welt entdecken,
ihre Zeichen lesen und deuten,
der Offenbarung lauschen
in jedem Seufzer,
in jeder Begegnung.

Komm, lass uns aufbauen,
im Schweigen vielleicht.
Lass uns das tiefe Echo vernehmen,
das uns von überall antwortet.
Komm, damit wir uns gegenseitig helfen,
damit wir uns auf den Weg begeben.

Hand in Hand,
nicht seufzend und klagend
in Traurigkeit,
sondern mit Zuversicht
und Fröhlichkeit,
mit einem ansteckenden Lächeln.

Diese Welt ist doch
ein Abglanz der Schönheit,
eine Quelle verborgener Melodien,
diese Welt ist die Bühne,
auf der Gott den Menschen begegnete.

Deine Hand

Deine Hand hinterließ
eine Spur in meiner Hand,
ein Zeichen in meinem Herzen,
ein Brandmal in meiner Seele.
Deine Hand gab meinem Leben
einen Sinn.

Am Tage, als du mir
deine Hand reichtest,
gab ich dir die meine
und damit zugleich mein Herz.
Aus deiner Hand
empfing ich das Heilmittel,
das ich überall
vergebens suchte.

Am Tage, da du mir
deine Hand gabst,
habe ich erfahren,
dass es nichts Größeres gibt
im Leben des Menschen
als die Liebe.

Meine Hand nahm deine Hand,
und sie verbanden sich
in unauflöslichem Bund.

Meine Hand nahm deine Hand,
um zusammen Licht zu sein,
um zu geben, statt zu nehmen.

Ich habe deine Hand
an mein Herz gelegt.
Deine Hand fühlt,
dass sie in meiner Seele
ein Echo findet
und dass das Einverständnis
unserer Herzen seinen Ursprung
im Ewigen hat.

Ich habe deine Hand genommen,
und deine Hand nahm die meine;
dies war der Beginn
unseres Nehmens und Gebens,
und jede Gabe und jedes Empfangen
ist Gnade.

Gib deine Hand
und nimm die meine.
Hand in Hand werden wir
weder straucheln noch fallen.

Hand in Hand
werden wir
unser Ziel erreichen,
das wir suchen
im Meer unseres Lebens.

Im Reich der Liebe

Traum bist du
und Traum bin ich.
Wie schön sind die Träume
im Reich der Liebe.
Ohne dich wäre mein Herz
ohne Antrieb
und meine Seele ohne Flügel.
Unter den Dornen
bliebe mir verborgen
des Lebens schönste Blüte.

Der Schöpfung Krönung
ist die Liebe;
Seite an Seite
erklimmen wir
den Pfad zum Gipfel.
Ohne sie würden
die Gefahren des Weges
uns zu Fall bringen.

Traum bist du
und Traum bin ich.
Wie schön,
gemeinsam zu träumen!
Ich begleite dich
im Auf und Ab des Lebens,
und neue Horizonte
erschließen sich uns.

Du begleitest mich
in die finstere Nacht.
Du bist ihr Halbmond
und das Licht ihrer Sterne.
Deine Öllampe
vertreibt meine Todesfurcht.

Traum bist du
und Traum bin ich.
Wie schön sind die Träume
im Reich der Liebe!
Voll Unrast ist der Mensch
auf seiner Lebensreise.
Er beruhigt sich erst
im Schatten der Liebe
und wird besänftigt
in ihrer Umarmung.

Ohne dich

Die Welt ohne dich
ist eine Wüste
ohne den Duft des Jasmin
und die Farben der Rosen,
ohne Vogelsang
und Flüstern des Lebens.

Die Welt ohne dich
ist ein Baum ohne Früchte,
ein versiegter Quell,
eine Nacht ohne Sterne,
ein verlorenes Paradies.

Die Welt ohne dich
ist nicht die meine;
sie denkt nicht meine Gedanken
und spricht nicht meine Sprache;
sie stillt nicht
meiner Seele Sehnsucht.

Die Welt ohne dich
hat keine Anziehungskraft
für das Auge, das schaut,
das Ohr, das lauscht,
und die Seele, die sucht.

Deine Gegenwart gibt der Welt
Wärme und Licht,
Duft und Farbe,
Sinn und Ziel.
Sie zaubert Schmetterlinge in die Luft
und Hoffnung ins Herz.

Was kann die Rose dafür

Ein Wimpernaufschlag,
ein Blick –
und Hoffnung
grenzenlos.

Ein Augenblick
ist eine Geschichte,
die das Herz schreibt.

Was kann die Rose dafür,
wenn ihre Wangen erröten,
ihr Dorn das Herz durchbohrt?

Was kann der Liebende dafür,
wenn er einem Herzen folgt,
dessen Feuer ihn entflammte?

Geschenk

Liebe, wie das Veilchen die Erde liebt
und die Rose die Sonnenstrahlen!

Liebe, wie die Täler die Quellen lieben
und die Gipfel den Schnee!

Liebe, wie das Meer den Wind liebt
und die Erde die Gestirne!

Liebe, wie der Baum seine Früchte liebt
und die Natur die Jahreszeiten!

Liebe nicht, wie die Könige ihre Throne lieben
und die Reichen ihren Besitz!

Liebe, wie der Mensch seinen Traum liebt
und Gott seine Schöpfung!

Denn die Liebe ist die Mitgift Gottes an den Menschen.
Ohne sie ist er heillos und leblos.

Der Traum

Du bist der Traum
meiner hellen Tage;
ich träume ihn
im Königreich der Liebe.

Du bist der Traum,
der mich dem Alltag entrückt,
das Heilmittel,
das Schwermut vertreibt.

Du begegnest mir im Traum,
und die Saiten meiner Laute
bewegen sich
zu einem Liebeslied.

Hand in Hand
singen und tanzen wir,
über blühende Wiesen
erklimmen wir die Gipfel.

Wir säen Blumen
in die Herzen
und ein Lächeln
auf die Lippen.

Du bist der Traum
meiner hellen Tage,
ich träume ihn
im Königreich der Liebe.

Im grenzenlosen Raum

Du liebst?
Ich auch.
Im grenzenlosen Raum der Liebe
gleiten wir schwerelos.

Du bist betrübt?
Ich auch.
Wo die Geliebte fehlt,
breitet sich Leere aus.

Der Sinn des Lebens
ist Begegnung,
seine Entfaltung
ist Dialog.

Du und ich,
wir gehen unter,
wenn uns die Liebe
nicht beflügelt.

Du und ich,
wir schweben
auf der Wolke der Glückseligkeit,
solange unsere Liebe besteht.

Auf Erden
wie im Himmel
gibt es kein größeres Gut
als die Liebe.

Sie ist der Seefahrer Gestirn,
der Liebenden Nahrung,
unser aller Lebenselixier.

Weg ohne Ende

Mein Auge leuchtet,
wenn ich dich erblicke,
und es füllt sich mit Tränen,
wenn du dich entfernst.

Ohne deine Welt
verfinstert sich die Sonne,
und ohne deine Sterne
umgibt mich dunkelste Nacht.

In deinen Tiefen fand ich
das Licht der Wahrheit,
das Feuer der Liebe
und den Sinn des Lebens.

Ich ging dir entgegen
auf einem Weg ohne Ende,
und noch heute bin ich
unterwegs zu dir.

Das Leben – ein Gebet

Komm, Geliebte,
besingen wir das Leben
mit den Wellen des Meeres,
mit dem Wind der Felder,
Leben ist Gebet.

Gib deine Hand,
lass deine Finger
auf den Saiten meines Herzens spielen
und lausche seinem Echo,
Leben ist Gebet.

Du bist die Laute
und ich das Lied,
du die Flöte
und ich ihre Seufzer,
Leben ist Gebet.

Wir sind ein Ton
der Ewigkeit in dieser Welt,
ein Paradiesgarten
für den Geliebten,
Leben ist Gebet.

Herr

Lass mich erkennen, Herr,
dass die Liebe eine Kraft ist,
die durch Übung wächst,
und die verkümmert,
wenn wir sie vernachlässigen.

Lass mich verstehen, Herr,
dass das Leben eine Gabe ist,
die schnell verrinnt
und die wir nutzen sollten,
um sie fruchtbar zu machen.

Die Liebe und das Leben
sind das Echo der Ewigkeit
im Meer dieses Seins.
Die Liebe und das Leben
sind das Licht der Gestirne
im Dunkel der Nacht.

أناشيد الحياة

Melodien des Lebens

Kindheit

Wenn ich sie auch verlasse,
sie verlässt mich nie,
Und wenn ich mich von ihr entferne
in Wüsten oder Wälder,
hinter Meere und Berge,
so folgt sie mir.

Sie lebt von der Erinnerung
und blickt in weite Fernen,
sie wärmt mir das Herz
wie milde Sonnenstrahlen.

Sie schiebt die Wolken beiseite
und lüftet ein Stück blauen Himmels,
sie wirft Licht auf unseren Weg
und erleichtert das Leben.

In der Dämmerung flirtet sie
vor aller Blicke
mit den Sternen
und den Saiten der Gitarre.

Wo sie erscheint, vertreibt sie
Langeweile und Überdruss.
Sie ist das Glück der Kinder
und im Alter
das gelobte Land.

Ich

Ich bin ein Wassertropfen,
der von den Bergen kommt,
um das Meer zu nähren.

Ich bin ein Sandkorn
vom Ufer Byblos,
das sich in der Wüste verliert.

Ich bin eine Handvoll Sturm,
der über den Ruinen Baalbeks singt.
Ich bin ein Felsen vom phönizischen Ufer.

Ich bin eine goldene Flechte
der Sonne des Orients.
Mein Lager ist
die silberne Bahn des Mondes.

Wir sind ein Ton
aus der Musik des Meeres,
aus der Melodie der Ewigkeit.

Wir sind ein Abbild
der himmlischen Welt
in einer vergänglichen Welt.

Wir sind von dir, dem Unendlichen,
den wir nicht fassen können.
Und zu dir werden wir zurückkehren.

Melodie des Lebens

Fremd war mir die Zivilisation
der Räder und des Lärms.
Ich bemaß den Wert des Menschen
nach seinem Äußeren
und ließ mich blenden
von seinen Masken.

Erst als ich mich selbst entdeckte,
erkannte ich das Wesen der anderen:
auch sie waren Fremde
ihrer Umwelt und ihrer Natur.

Eine Weile begleitete ich sie
auf ihren Wegen;
Worte verwirrten uns,
im Schweigen verstanden wir uns.

Ich zog mich zurück
von der Menge und der Mode.
Ich kehrte bei mir ein
und öffnete meine Fenster dem Wind.

Ich ließ meine Maske fallen
und befreite mich aus dem Netz der Lügen.
Ich ging in die Natur;
sie nährte mich mit Milch und Honig.

Auf der Suche nach der Melodie des Lebens
begegnete ich Gefährten und Freunden.
Ich vernahm ihre Melodien
und sie waren mir vertraut.

Diese Musik

Diese Musik,
die mich, wann immer ich sie höre,
trunken macht,
spricht nur von dir.
Sie hüllt mich ein in ihren Zauber,
sie reißt mich fort, zu dir –
sie richtet meinen Blick auf deine Schönheit,
die ich nur fühlen, nicht verstehen kann.

Diese Musik,
sie weckt in mir die Freude,
dich zu erkennen.
Sie sagt mir, dass du da bist,
dass du zu mir sprichst
durch diese Schwingungen,
die unsichtbar für unser Auge sind,
jedoch bedeutsam dem,
der sucht, der dürstet
und der wartet
auf jene Stunde der Begegnung.

Diese Musik,
sie offenbart mir,
dass du nahe bist,
auch wenn ich vor dir fliehe.
Schenk mir die Gnade, Herr,
dich noch in meinem Fliehen zu erkennen.

Ich lese

Ich lese die Einsamkeit
in den Gesichtern derer,
die kein Gesicht haben,
die Leere in den Augen derer,
die keine Vision haben.

Ich lese die Hörigkeit
hinter den Masken derer,
die keine Identität haben.
Ich höre die Angst
aus den Worten derer,
die keinen Glauben haben.

Ich spüre die Verzweiflung
in den Herzen derer,
die keine Hoffnung haben.
Ich fühle die Kälte
in der Begegnung mit denen,
die keine Liebe haben.

Ich ahne den Untergang
derjenigen,
die keine Erkenntnis haben.

Ein alter Tempel

Du erkundigst dich nach dem Tempel
aus längst vergangenen Zeiten,
dessen Überreste marmorner Steinschichten
sich vor uns aufrichten.

Du willst wissen, wer ihn baute
und wer ihn betrat,
welchem Gott er geweiht war
und welche Opfer man ihm brachte.

Du fragst nach seinen Priestern
und ihrem Kult,
nach Inhalt und Sprache
ihrer Gebete.

Ich kann die Fragen nicht beantworten.
Ich weiß nur,
dass seine Mauern Schutz boten
allen, die ihn aufsuchten.

Sein Weihrauch war Balsam
für ihre Seelen.
Er öffnete ihnen Fenster
zum Paradies.

Es hieß

Es hieß: Wirf deine Netze aus!
Ich tat es.
Und mit Schätzen beladen zog ich sie zurück.

Es hieß: Säe deine Saat aus!
Ich tat es.
Nach einer Zeit des Wartens
ging die Saat auf und brachte reiche Frucht.

Es hieß: Teile deinen Besitz!
Ich tat es.
Eine Tafel vereinte Freunde und Fremde,
Reiche und Arme.
Und ich fand mich beschenkt.

Es hieß: Hör auf deine innere Stimme!
Ich lauschte
und entdeckte eine leise Melodie,
die der Lärm der Welt übertönt hatte.

Es hieß: Öffne dein Herz!
Ich trug meine Festungsmauern ab
und entfernte meine Maske.
Da wurde die Welt mein Haus
Und die Menschheit meine Familie.

Wer bin ich?

Ich habe meine Worte
hinter die Mauern
der Herzen gesät,
und aus den Samen sprossen
Dornen und Rosen,
Nesseln und Jasmin.

Ich habe Blicke gepflanzt
in Welten des Schweigens.
Es begann sich zu regen
in verborgenen Herzen,
und sie führten Zwiegespräche
mit ihrem Echo.

Erwachte Herzen
begleiten ihre Gefährten
in der Brise der Erwartung,
auf den Wellen des Geschicks
und den Gipfeln des Ruhmes.

Mein Herz wohnt
in den Falten ihrer Herzen,
auf den Bahnen des Mondes,
in den Gärten des Lichtes,
unter dem Schatten
von Eichen und Zypressen.

Ich bin gelaufen,
und mein Gang war leicht,
als hätten mich Flügel getragen
wie welke Blätter
des Herbstwaldes,
wenn das Heer des Windes
sie aufjagt und verfolgt.
Ich war wie der Wüstensand,
den der Nordwind treibt.

Heute lebe ich
unter den Saiten der Sonne
und höre das Echo
meiner Stimme.
Heute bin ich im Herzen
des Seins.
Heute bin ich,
was ich gestern war
und was ich morgen sein werde.

Heute, gestern und morgen
suche ich das Leben
in dieser vergänglichen Welt.
Ich trinke die Schönheit
aus der Welt der Gesänge.
Ich lebe aus den Geheimnissen
des Daseins
während meiner Reise
von dieser Welt
zu einer verheißenen Welt.

Keiner weiß,
wer ich bin,
es sei denn jemand,
der eine Weglänge
mit mir gelebt hat,
der meine Leiden fühlte
und meine Freuden teilte
und die ganze Fülle
dieses Lebens erfasste.

→

Ich bin eine Insel
und ein See,
ein Stern in dunkler Nacht,
ein Strahl der Sonne
an einem leuchtenden Tag.
Ich bin ein Garten
mit Gewächsen
aus allen Ländern,
ein Wald aus Zedern
und Zypressen.

Ich bin derjenige,
der weint,
wenn die anderen singen,
und der singt,
wenn die anderen weinen.
Ich bin ein Fremdling
in dieser Welt.

Ich bin von dieser Stimme,
die einlädt auf den Weg,
den wir verfolgen,
ein Echo von der Erde,
die wir suchen,
ein Tropfen von der Quelle,
zu der wir zurückkehren.

Im Lande der Dichter

Als man im Lande der Propheten und Dichter
Fremdlinge zu Statthaltern machte,
brach das Unglück mit ihnen herein;
Hass breitete sich aus,
Demütigungen nahmen zu,
und die Knechtschaft richtete sich ein
im Lande der Freiheit und des Glaubens.

Als die Sklaven der Welt
auf dem Thron der Herrscher saßen,
herrschte Verzweiflung im Lande;
Ungerechtigkeit triumphierte über Recht,
Unkenntnis über Wissen
und Rache über Liebe.
Da setzte ich meine Flagge auf Halbmast.

Als die Flamme der Liebe erlosch,
die Weisheit der Alten auswanderte
und die Stimmen der Warner
im Lande erstickt wurden,
da hüllte ich mich in tiefes Schweigen.

Ich weigerte mich,
eine andere Macht anzuerkennen
als die Vernunft,
etwas anderes zu besitzen
als den Glauben
und einer anderen Religion anzugehören
als der Liebe.

Als ich meine Entscheidung getroffen hatte,
verfolgte ich diesen Weg
und entdeckte die Freude wieder.

Das Leben

72 Das Leben –
es lässt sich nicht definieren
und nicht erklären
durch große Worte.

Das Leben lebt,
es keimt und wächst
auf fruchtbarem Boden,
seine Wurzeln gründen
in der Tiefe.

Das Leben verwirklicht sich
im Gelebten.
Du fühlst es,
du ergreifst es,
du begreifst es
und lebst es.

Das Leben ist ein Geheimnis,
das du liebst,
ohne zu wissen, warum,
und das du festhältst
mit deinem ganzen Sein.

In hellen und dunklen Tagen,
in Freud und Leid,
ob bei Kräften oder kraftlos,
du hältst es fest
mit deinem ganzen Wesen.

Dein Name

Wie groß ist dein Name, Herr,
wie tief dein Geheimnis.
In deinem Namen geschehen Wunder
und entflammen Kriege.
In deinem Namen bauen wir Kirchen
und errichten Grenzen.

Wie sonderbar ist der Mensch
in jeder Zeit
und an jedem Ort.
Seine Liebe ist Eigennutz,
sein Gebet Lippenbekenntnis,
sein Leben Kampf.

Würde er aus seinem Schlaf erwachen
und an deine Tür klopfen,
fände er Frieden für sein Leben
und Nahrung für seine Seele.
In jeder Quelle vernähme er ein Lied,
in jeder Stimme eine Offenbarung.

In jedem Lebewesen
entdeckte er ein Geheimnis,
in jedem Menschen einen Bruder,
in jeder Begegnung eine Erfüllung,
in jedem Tag eine Botschaft,
in jeder Nacht einen Stern.

Die Welt wäre für ihn
ein Abglanz des Paradieses,
jedes Haus dein Tempel,
jeder Mensch dein Bote
und sein Leben
eine Reise zu dir ...

Der Libanon

Das Land verblutet,
Verwandte, Freunde und Nachbarn starben.
Du aber wirst nicht sterben, Libanon,
solange die Hoffnung in den Herzen
deiner Söhne und Töchter glimmt.

Bis in die Abgeschlossenheit
deiner Eremitagen,
bis hinter die entlegensten Meere
brennen die Fackeln,
die wir an deinem Feuer entzündeten.

Du bist der Fels, an dem die Träume
der Omayyaden und Abbassiden zerschellten,
während die Wellen des Meeres die Spuren
der Seldschuken und Osmanen verwischten.
Das Banner der Eroberer
konnte den Himmel nicht trüben,
vor dessen wolkenlosem Blau
sich die uralten Zedern dunkel abheben.

Das brennende Beirut,
die Ruinen der Kirchen, Moscheen
und Wohnhäuser,
die Leichen unschuldiger Menschen
klagen die Welt an,
die sich offen oder geheim
durch Einschreiten oder Nichteinschreiten
am Morden und Zerstören beteiligt.

Doch deiner Söhne und Töchter Glaube an dich
ist stärker als Kanonen und Stalinorgeln,
stärker auch als Hass und Fanatismus.
Wir vergessen trotz allem nicht
deine ruhmreiche Geschichte
und deine Legenden, die aufgezeichnet sind
in den Büchern der Welt.

Baalbek, die Stadt der Sonne,
Byblos, die Wiege des Alphabets,
Beirut, die Alma Mater des Rechts,
Karthago, die Tochter Sidons,
und Tyros, die Mutter Europas,
berichten von den Gaben Phöniziens,
die es freigiebig austeilte,
bis an die Ufer ferner Meere,
bis an den Rand der Wüste,
zu den entferntesten Horizonten,
wo man die Flagge der Freiheit hisste.

Der Libanon wird nicht sterben,
denn seine Werke überschritten
seine Grenzen
wie die Heldentaten Hirams,
Baschirs und Fachreddins.

→

Und die Helden von heute
schreiben neue Seiten
auf jeden Ort libanesischer Erde,
der getränkt ist vom Blut
seiner Martyrer.

Unsere lange Geschichte
kennt zahlreiche Karwochen.
Die Gipfel unserer Hügel und Berge
sind mit Kreuzen übersät,
in ihren Schatten nehmen wir uns vor,
dem Nazaräer zu folgen.
Mit ihm werden wir den Tod besiegen
und inmitten von Kadavern und Trümmern
die aufgehende Sonne erwarten.

Der Libanon bleibt die Brücke
zwischen Ost und West,
zwischen Morgenland und Abendland.
Er bleibt die Wiege der Freiheit
und ein Schmelztiegel verschiedener
Völker und Religionen.
Er bleibt für jeden Angreifer
eine uneinnehmbare Festung,
eine feste Burg für den Verfolgten
und ein gastfreundliches Zelt
für jeden, der ihn aufsucht.

In den Herzen seiner Bewohner,
zwischen Meeresküste und Bergeshöhen
verbirgt sich ein Schatz menschlicher Tugenden.
Der Mut unserer Vorfahren
überwand die Trennung
und brachte die Menschen näher
im friedlichen Verkehr.
Aus einem Fleckchen Erde
schufen sie eine Oase,
deren Schönheit das Herz trunken macht.

Du bist das Haus voller Licht,
das Herz und Sinnen
den Weg zum Schöpfer zeigt.
Wenn du zerstört wirst,
werden wir ziellos,
hoffnungslos und heimatlos
auf dieser Erde umherirren.

Mein Nächster

Mein Nächster ist ein Dichter,
dessen Herz eine Gitarre ist.
Auf ihren Saiten erklingen
die Lieder seiner Liebe
und seiner dunklen Stunden.

Mein Nächster ist ein Einsiedler,
der von der Meditation lebt.
Befreit von den Gesetzen der Erde,
weilt er mit seinen Gedanken
in der blauen Himmelskuppel.

Mein Nächster ist ein Gläubiger,
der ohne Buch betet
und ohne Worte predigt.
Seine Sprache ist geläutert
in der Zwiesprache mit Gott.

Mein Nächster ist ein Mensch,
der leidet, wenn ein anderer leidet,
und sich mit anderen freut.
Seine Abwesenheit hinterlässt Leere,
seine Anwesenheit ist ein Fest.

Beispielhaft

Als der Mensch noch seinen Nachbarn achtete
und niemanden außer Gott fürchtete,
als er die Gefahren des Lebens
mutig auf sich nahm, war er ein Beispiel.

Die Spitzhacke war sein Werkzeug,
der Erdboden sein Lager,
die Natur sein Buch
und das Wort sein Schwert.

Er vollbrachte Wunder,
wo immer er sich niederließ.
Er war mächtig ohne Waffe,
gefürchtet ohne Gewalt.

Als der Mensch seine Arbeit liebte,
bei Kerzenlicht studierte
und mit Ausdauer forschte,
war er beispielhaft.

Er brachte den Zorn der Natur
zum Schweigen.
Seine Schiffe bezwangen
die hohen Wellen.

Er legte Gärten an
und baute Tempel,
und außer Trägheit und Unwissenheit
hatte er keine Feinde.

Grenzenlos

Schranken hindern uns oft am Weitergehen,
Grenzen und Zäune gebieten Einhalt,
Wachtposten versperren uns den Weg
auf unserer Reise.

Ich überwand die Hindernisse,
entfernte den Schleier
und die Maske von meinem Gesicht
und klopfte an deine Tür, o Herr.

Da spürte ich dich in jedem Windhauch,
ich vernahm dich in jeder Stimme,
sah dich in jedem Gesicht
und fühlte mich geborgen.

Ich entdeckte deine Spuren
auf jeder Seite deiner Schöpfung,
in jedem deiner Geschöpfe,
im Rhythmus der Jahreszeiten.

Das Leben lädt uns ein,
dich zu suchen
auf allen Wegen, in jedem Ereignis
und jeder Begegnung.

Es lehrt uns, nicht zu trennen
zwischen West und Ost,
zwischen Reich und Arm,
zwischen Völkern und Religionen.

Denn du bist ein einziger Gott,
der alle Menschen liebt,
du bist unser Anfang
und unser Ziel.

Wir brauchen weder Stellvertreter
noch Fürsprecher,
weder Wachtposten noch Türhüter.
Du sprichst zu einem jeden von uns.

Bergpredigt

Es gibt kein reineres Leben
als das des Kindes von Bethlehem.
Es gibt kein strahlenderes Antlitz
als das des Auferstandenen
aus dem Grab,
des Siegers über den Tod.

Es gibt kein tieferes Thema,
keine schönere Sprache,
keine bewegendere Botschaft
als die Bergpredigt.
Ihre Worte sind nachhaltiger
als alles, was ich bisher hörte.

Der Ausgestoßene wurde zum Leuchtturm,
der Verworfene zum Wegweiser
für die Suchenden,
zur Quelle der Weisheit,
zum Vorbild der Vollkommenheit.

Unbestritten hat die Welt
nichts Vergleichbares gesehen.
Er ist der größte Eroberer der Erde
ohne Waffen,
der größte Befreier der Menschheit
ohne Gewalt.

Er befreite den Menschen
von den Ketten der Angst,
aus dem Gefängnis des Todes.
Er drückte ihm sein göttliches Siegel auf
und öffnete weit die Tore des Lebens.

Ich wurde sein Schüler
und folgte seiner Lehre.
Ich schlug seinen Weg ein
und betete seine Gebete.
Ich bin glücklich.

Ein Fremder

84 Ein Fremder bist du
in dieser Welt.
Fremd ist dir das Land
der aufgehenden Sonne,
fremd die Länder,
in denen sie untergeht.
Fremd der Westen
in seiner Unrast
und fremd der Osten
in seiner Gleichgültigkeit.

Fremd fühlst du dich bei denen,
die das Leben bedenkenlos genießen,
und ebenso bei jenen,
die ihm entsagen.
Fremd bist du unter den Gottlosen
wie unter den Frömmlern,
fremd unter den Verächtern
und den Verfechtern der Konfessionen.

Ein Fremder bist du
unter denen, die zulassen,
dass der Mensch sein Gesicht abwendet
von Armen und Ohnmächtigen,
dass er den Blinden wählt,
um andere zu führen,
und sich taub stellt
beim Hilferuf des Einsamen.

Die Menschen sind eine Herde,
die gedankenlos der Menge folgt,
ohne nach dem Ziel zu fragen.
Sie sind bedauernswert
trotz ihrer Reichtümer
und beklagenswert
auch im Purpurgewand.

Fremd ist uns unsere Zeit
ebenso wie unsere Umgebung,
unser Fremdsein vertieft sich
und breitet sich aus,
solange wir nicht
zu uns selbst finden.

Doch fremd wurde uns
unsere eigene Seele,
ihre Bedürfnisse
und ihre Sehnsucht,
ihr Licht und ihre Finsternis,
ihre Herkunft und ihr Ziel.

Fremd sind wir untereinander.
Wir scheinen vergessen zu haben
– oder wissen wir es wirklich nicht mehr –,
dass wir Kinder einer Mutter sind,
aus der Erde geboren
und zum Himmel unterwegs.

Auch du warst ein Fremder
auf dieser Welt,
unter deinen Zeitgenossen,
fremd unter Hohenpriestern,
Statthaltern und römischen Verwaltern,
fremd unter Schriftgelehrten,
Gerechten und Sündern
und fremd bisweilen
inmitten deiner Freunde.

Genug

Genug des Zitierens
alter Schriften,
des Auslegens
von Gleichnissen
und des Erteilens
von Ratschlägen.

All dies füllt nicht
den Magen des Hungrigen,
wärmt nicht
den Nackten auf der Erde
und lindert nicht
das Leid des Verlassenen.

Die Anbetung der Gesetze
lähmt den Geist,
verkümmert das Gemüt
und entwürdigt den Menschen.

Die Ehrfurcht vor dem Gestern
und die Furcht vor dem Morgen
rauben ihm Schaffenskraft
und Lebensfreude.

Nur durch unser Tun
heilen wir den Kranken,
sättigen wir den Hungrigen
und bekleiden den Nackten.

Nur durch unser Tun
folgen wir dem Aufruf
des Nazaräers,
einander brüderlich zu lieben.

Kreuzweg

Wie viele Ungläubige traf ich,
die an den Menschen glaubten,
deren Herz voller Güte
und Menschenliebe war!

Wie vielen Gläubigen
begegnete ich,
deren Gedanken nur
um sich selber kreisten!

Herr, lass mich erkennen,
dass das Leben
keine Einbahnstraße ist,
die geradewegs zu dir führt.

Oft stehen wir vor einem Kreuzweg,
der von uns eine Entscheidung verlangt:
Entweder wählen wir den Weg,
der über den Bruder
zu dir führt,

oder wir wählen
Gleichgültigkeit
und Eigennutz
und gelangen über
Einsamkeit zur ewigen Gottesferne.

Trennung

Du bist gegangen
und wir werden morgen gehen.
Gestern noch sah ich dich
und las in deinen Augen:
Ich habe das Leid gekostet,
es zehrte meine Kraft auf,
doch meine Seele wurde nicht müde.
Der Sieger über den Tod
wird uns vor ewigem Tod bewahren.

Er wird unser Bild erneuern,
unser endliches Sein
in unendliches Sein verwandeln.
Er ist der Garant des Lebens.
Das Schiff sticht in See,
wird getrieben von Wellen und Wind,
bis es im sicheren Hafen einläuft.

Die Erde ist keine Wohnung auf Dauer,
vielmehr eine Brücke.
An der Tenne wartet der Tod
auf die Ernte.
Er befreit den Menschen
von seinen Ketten.
Wer im Leben
seinen Meister suchte,
braucht sich nicht zu fürchten.

Das Geschenk des Himmels
ist der Menschen Seele.
Sie nährt sich von der Schönheit
und verwirklicht sich in der Liebe.

Lebenslang sehnt sie sich
nach ihrer Quelle,
zu der sie zurückkehrt,
wenn Er es will.

Du bist gegangen,
wir werden morgen gehen.
Und wie du werden wir
unser Leben lassen
in der Hoffnung
auf ewiges Leben.

Geburt und Tod

Wir werden geboren,
ohne gefragt zu werden,
und sterben ohne Wahl.
Geburt und Tod
sind zwei Gesichter
unseres Daseins.

Ob wir in Hütten oder Schlössern wohnen,
gefeiert werden oder verfolgt,
ob wir hungern oder prassen,
hoffnungsvoll oder hoffnungslos sind,
wir alle hängen am Leben
und beklagen sein Ende.

Unser Leben beginnt mit der Geburt
und endet nicht mit dem Tod.
Diese Welt ist ein Tor
zu einer anderen Welt,
nach der die Seele sich sehnt,
ohne dass das Auge sie sieht.

Melodie der Ewigkeit

Herr, lass mich dich sehen
in der Majestät der Berge,
in der Gastfreundschaft der Täler.
Lass mich dich vernehmen
in den Liedern der Wellen
und dem Choral der Stürme.
Lass mich dich suchen
in den Stämmen der Bäume,
die das Leben tragen,
und in ihren Blättern,
die ihnen Anmut verleihen.

Herr, lass mich dich sehen
in den Blumen und Blüten,
die aus dieser Welt
eine Braut machen
und sie mit Duft erfüllen
jedes Mal wenn ein Lufthauch
sie berührt.
Lass mich dich entdecken
in den Quellen der Erde,
aus denen Leben quillt
für jeden – ohne Unterschied.

→

Lass mich dich hören, Herr,
im Lob der Vögel,
das sie dir singen
von der Morgendämmerung
bis zum Aufgang des Mondes.
Lass mich dich suchen
im Schweigen der Nächte,
im Flüstern der Flüsse
und den Legenden der Zeit.

Lass mich dich entdecken
auf der Bühne dieser Welt,
die Zeichen und Spuren
deiner Gegenwart birgt.
So werden wir
durch den Nebel
die Sterne erblicken
und auch in Trauer und Leid
die Hoffnung nicht verlieren.

Lass mich dich sehen, Herr,
in jedem Menschen,
gleich welcher Hautfarbe und Nation,
welcher Sprache und Religion,
gleich welchen Alters und Ranges,
welcher Weltanschauung und Partei.

Denn immer wenn ich
die Grenzen meines Ich überschreite,
mache ich die Erfahrung,
dass unsere Seele
– so ohnmächtig sie auch scheinen mag –
größer ist als das Universum
und mächtiger als die Zeit,
denn sie trägt denjenigen,
der Raum und Zeit
ins Leben rief.

Herr, lass mich dir folgen,
und wenn mich Zweifel überkommen
und meine Schritte straucheln,
dann lass mich nicht vergessen,
dass jede finstere Schlucht
ein Ende hat,
dass von jedem Hügel
ein Weg zur Küste führt
und dass es genügt
weiterzugehen.

Wir sind nicht von hier

Ich bin nicht von hier.
Du bist nicht von hier.
Wir sind von dort.

Aus dem Schoß der Mutter
kamen wir in die Welt
beim Geflüster der Geheimnisse.

Die Wellen des Meeres branden,
die Stimmen des Waldes raunen:
Wir sind nicht von hier.

Das Dunkel der Nacht
wetteifert nicht mit dem Sonnenlicht.
Und das Streben nach weltlichen Zielen
lenkt uns nicht ab vom Weg nach dort.

Das Rauschen des Meeres lehrt uns
das Lied der Schöpfung:
Wir sind von dort.

Ohne dich wäre mir die Welt eine Wüste,
mit dir wird sie zur blühenden Oase,
deren Quellen von dort fließen.

Wenn wir still werden
und in unser Herz hören,
wird uns sein Klopfen verraten:
Wir sind von dort.

Ziel meiner Reise

Ziel
meiner längsten Reise
war nicht ein fernes Land –
sondern ein Wort,
das Lächeln
einer verwandten Seele,
die mich ermunterte,
meinen Weg zu verfolgen
mit Tatkraft und Freude.

Dieses Wort
hat mir bestätigt,
dass meine begonnene Reise
sinnvoll und gut war.

Nachwort

Dass ein Lyriker und Literat, ein Denker und Mensch nie am Ende sein darf, will er wirken und den Menschen sich und etwas mitteilen, zeigt sich in den Gedichten des libanesischen Lyrikers Simon Yussuf Assaf. „Weg ohne Ende“ lautet folgerichtig auch ein Titel in der vorliegenden Gedichtsammlung. Der Reigen von „Melodien des Lebens“ weiß sich als Kern seines gesamten lyrischen Schaffens dem großen Menschheitsthema der Liebe als dem prägenden Lebens- und Schaffensmotto verbunden: sei es der Liebe zu den unscheinbaren Dingen des Alltags (der unbeachteten Blume, dem Nest des Adlers, den Tränen eines Vaters, dem Traum eines jungen Menschen), sei es der Liebe zu seiner bäuerlich geprägten Heimat tief im Tal des Adonis, sei es der Liebe zu den Menschen seiner Umgebung, den Künstlern und Musikern, den Malern und Bildhauern, den Bauern und Denkern, sei es der Liebe zu Gott, der hinter allem steht und waltet.

Simon Yussuf Assaf reflektiert in betroffener verdichteter Weise und gleichzeitig mit orientalischer Bilderkraft seine Heimat in den Bergen und Bergtälern des Libanon und seine Begegnungen mit Menschen und ihren Gefühlen. Er spricht von „meiner Barke im Herzen des Sturmes“ und hofft auf die ihn erwartende Liebe, er fragt, was die Rose dafür kann, „wenn ihre Wangen erröten“, er träumt von der Gegenwart der Geliebten, „die Schmetterlinge in die Luft und Hoffnung ins Herz zaubert“.

Diese tiefe Symbolik seiner Sprache schließt das Gebrochene menschlicher Existenz nicht aus, sie idealisiert den Menschen nicht. Seine Gedichte sehen analytisch klar und deutlich die Doppeldeutigkeit der menschlichen Handlungen, ja die Maskenhaftigkeit des Menschen („Ich lese diese Hörigkeit hinter den Masken derer, die keine Identität haben") – gerade wenn sich dieser in verantwortlicher und leitender Position befindet, diese Macht aber nicht zum Wohl des Mitmenschen einsetzt.

Dieses Leiden an den Mitmenschen („Ungerechtigkeit triumphierte über Recht, Unkenntnis über Wissen und Rache über Liebe") zerreißt ihn fast: „da setzte ich meine Flagge auf Halbmast." Simon Yussuf Assaf leidet, weil er ein zutiefst leidenschaftlicher Mensch ist; er leidet, weil der Mensch nicht dem Bild entspricht, das Gott in ihn hineingelegt hat.

Simon Yussuf Assaf nimmt den Leser mit auf eine Reise: durch den Orient, der hymnenartig immer wieder gepriesen wird, durch die Gedanken- und Gefühlswelt der menschlichen Begegnungen, durch das Leben in allen seinen Tiefen und Höhen, wobei immer deutlich ist: Ziel des Menschen ist ein in Gott geborgenes Leben, in einem Gott, der das tiefste Wesen des Menschen versteht.

Dieses Ziel vermittelt der Dichter in seinen Gedichten und auch – zusammen mit seiner Frau Ursula Assaf-Nowak – in einer großen Übersetzungstätigkeit: Er lebt in und aus der Welt des Vorderen Orients, isoliert diese Welt aber nicht, sondern sieht sie hineinverwoben in die Welt des Westens. Er spürt das Aufeinander-angewiesen-Sein von Orient und Okzident. Deshalb hat er große arabische Literatur dem westlichen Leser der europäischen Welt und auch theologische Literatur (wie Hans Küng, Weltethos) dem östlichen Leser der arabischen Welt vermittelt.

Das Leben und die Weite seiner Gedichte begegnen auch dem Besucher des Libanon, wenn er an der Hand von Yussuf Assaf durch die Geschichte und die Liebenswürdigkeit der Menschen des Libanon geführt wird und eingetaucht in die große Tradition der phönizischen Seefahrer sein Leben und Dichten als ein „Schiff an das andere Ufer" begreift.

Stefan Völker

Inhalt

Simon Yussuf Assaf wurde 1938 in Yahchouch/Adonistal im Libanon geboren. Er studierte Philosophie und Theologie an den französischen Universitäten in Beirut und in Straßburg, wo er über ein Thema der Vergleichenden Religionswissenschaften promovierte. Nach mehrjähriger Lehrtätigkeit an den Universitäten Freiburg und Tübingen und an Schulen in Beirut war er von 1977 bis 2004 am Goethe-Institut in Beirut tätig. 2005 erhielt er das deutsche Bundesverdienstkreuz.

Die Übersetzung seiner arabischen Gedichte, beginnend 1969 mit dem Band „Ich bin ein singender Vogel", erfolgt durch seine Ehefrau **Ursula Assaf-Nowak**. Sie wurde 1939 in Duisburg geboren, studierte Romanistik, Germanistik und Orientalistik in Paris und Freiburg und promovierte über arabische Volksliteratur. Nach ihrer Lehrtätigkeit an Goethe-Instituten in Deutschland ist sie seit ihrer Heirat mit S.Y. Assaf 1972 an der Universität St. Esprit in Jounieh/Libanon tätig. Sie übersetzte das gesamte Werk von Khalil Gibran sowie viele Werke anderer libanesischer Dichter, wie z.B. Rihani und Nuaime, und gab Sammlungen arabischer Märchen und Anthologien heraus.

Bibliografische Information der Deutschen Nationalbibliothek

Die Deutsche Nationalbibliothek verzeichnet diese Publikation in der Deutschen Nationalbibliografie; detaillierte bibliografische Daten sind im Internet über http://dnb.d-nb.de abrufbar.

www.echter-verlag.de

Gestaltung
Peter Hellmund, Würzburg

Titelillustration
Michael Freudenberger, Remseck

Kalligraphien
Fuad Naufal Estephan

Druck und Bindung
Friedrich Pustet, Regensburg

ISBN 978-3-429-03288-3